# MÉMOIRE

Sur la recherche des moyens que l'on pourroit employer pour construire de grandes Arches de pierre de *deux cents*, *trois cents*, *quatre cents* & jusqu'à *cinq cents pieds* d'ouverture, qui seroient destinées à franchir de profondes vallées bordées de rochers escarpés;

Par le Citoyen *PERRONET*,

*Premier Ingénieur des Ponts & Chaussées de France, de l'académie des Sciences, de celle d'Architecture & de la Société d'Agriculture de Paris, de la Société royale de Londres, des académies de Stockolm, Berlin, Lyon, Rouen, Metz & Dijon.*

A PARIS,

DE L'IMPRIMERIE NATIONALE EXÉCUTIVE DU LOUVRE.

M. DCC. XCIII.

# MÉMOIRE

*Sur la recherche des moyens que l'on pourroit employer pour conſtruire de grandes Arches de pierre de deux cents, trois cents, quatre cents & juſqu'à cinq cents pieds d'ouverture, qui ſeroient deſtinées à franchir de profondes vallées bordées de rochers eſcarpés.*

## Article I.

LES Péruviens ont employé des ponts de corde faite d'écorce d'arbres, pour traverſer des vallées profondes qui ne leur permettoient pas d'y établir des chemins, en arrêtant ces ponts fortement à chaque bout contre des arbres ou des rochers ; mais il ne pouvoit y paſſer que des gens de pied ou des mulets, & leur charge faiſoit des inflexions qui changeoient continuellement la courbe du pont & effrayoient les muletiers : ce qui doit faire déſirer à une nation riche & commerçante, telle que doit le devenir la république Françoiſe, de conſtruire des ponts plus larges & plus ſolides dans ces ſortes d'endroits.

A

## 2.

L'arche la plus grande que l'on ait faite en France, eſt celle de Vieille-Brioude ſur l'Allier, de 172 pieds d'ouverture, conſtruite en 1454; on y en trouve auſſi pluſieurs de 120 & de 150 pieds, & une pareille à cette dernière à Véronne, faite en 1354. Il y en a également une en Angleterre, dans le pays de Galles, province de Glamorghanſire, ſur la rivière d'Uſche, de 178 pieds 8 pouces, pied de roi; mais dans un ſiècle où les ſciences & les arts ont fait de ſi grands progrès, ne pourroit-on pas ſe flatter d'en établir ſolidement qui ayent encore plus d'ouverture ! c'eſt ce que nous nous propoſons d'examiner dans le préſent Mémoire.

## 3.

La difficulté de faire des arches plus grandes que celles qui ſont connues, conſiſte en trois principales choſes que nous examinerons ci-après.

La première eſt le choix de la pierre, pour qu'elle puiſſe réſiſter à la preſſion à laquelle elle ſera expoſée.

La ſeconde eſt la compoſition des cintres de charpente, & le moyen de les élever; ce qui demande plus d'attention & d'art à proportion que les arches ſeront plus grandes.

Et la troiſième qui exige encore le plus d'attention, eſt celle de décintrer ou démonter les fermes après la poſe des clefs, de manière que l'affaiſſement des voûtes puiſſe ſe faire inſenſiblement, en conſervant leur courbure, ſans former de jarrets : ce que nous diviſerons en autant de ſections.

La quatrième ſection comprendra la conſtruction des

murs d'épaulement & pilaſtres, des trompes en tour creuſe ſur l'angle, des œils de pont, de la maçonnerie des reins.

La cinquième & dernière concernera les arches d'une moindre ouverture que celle de 500 pieds.

# SECTION PREMIERE.

*Choix de la Pierre.*

### 4.

ON doit préférer la pierre la plus dure que l'on pourra trouver aux environs de chaque endroit de l'établiſſement de l'un de ces grands ponts, qui ſoit ſans fil ni moye, & dont les bancs de carrière puiſſent porter au moins 18 pouces de hauteur, étant ébouſinée & taillée au vif, dont la plus grande longueur de coupe ſoit de 7 pieds dans le haut de la voûte ; celle des douelles doit être de 4 & 5 pieds : la force de cet appareil ſera diminuée aux arches moins grandes, comme on l'expliquera ci-après. Il faudra, en général, n'employer la pierre qu'après qu'elle aura jeté ſon eau de carrière, & qu'on aura éprouvé à la gelée celle qui paroîtra ſuſceptible d'en être attaquée.

### 5.

La pierre la moins dure doit peſer environ 150 livres le pied cube, & la plus dure, telle que les grès, granits & les marbres, ou pierres calcaires les plus compactes, juſqu'à environ 180 livres, pour qu'elles puiſſent réſiſter à la preſſion à laquelle elles ſeront expoſées, en préférant de placer les

A 2

plus dures jufqu'à, la hauteur d'environ 30 degrés d'après les naiffances, lorfque les carrières n'en fourniront pas une affez grande quantité pour toute l'arche.

## 6.

Le citoyen Perronet a fait beaucoup d'expériences, ainfi que feu M. Soufflot, fur la dureté des pierres que fourniffent les carrières connues en France, pour en écrafer des échantillons qui n'avoient que deux pouces en carré & un pouce de hauteur, avec une machine dont la force de preffion étoit élevée jufqu'à 30 milliers. Ils ont reconnu que ceux de ces échantillons provenant de la carrière de Saillancourt, près Meulan, qui avoient deux pouces de bafe en carré, 4 pouces de fuperficie & un pouce de hauteur, ont fupporté un poids moyen de 7,375 livres ; ce qui produit pour un pied carré, 265,680 livres.

## 7.

C'eft d'après ces expériences que l'on a entrepris de conftruire le pont de Neuilly-fur-Seine en cinq arches, chacune de 120 pieds d'ouverture, furbaiffées au quart, c'eft-à-dire, qu'elles ont 40 pieds de hauteur ou de longueur de flèche fous clef.

## 8.

La partie de l'arc fupérieur des arches de ce pont n'a, fur 33 pieds de longueur d'entre la pointe d'une corne de vache à l'autre, qui ont été pratiquées pour l'évafement des têtes de chaque arche, que 6 pouces 9 lignes de longueur de flèche ; ce qui donne à connoître que cet

arc faifant partie du cintre primitif, fe trouve décrit avec
un rayon de 244 pieds de longueur, & que l'épaiffeur de
la douelle de la clef étant de 18 pouces, les joints de fa
coupe, tendant au centre de l'arche, formeront de chaque
côté avec la verticale, un angle qui n'a que 10 minutes
21 fecondes.

## 9.

La conftruction du pont de Neuilly doit faire connoître
que la pierre de la qualité de celle dont il eft conftruit,
peut réfifter dans le haut des voûtes à la preffion qu'éprouvent
les vouffoirs de l'arc dont le rayon eft, comme on l'a déjà
dit, de 244 pieds, & conféquemment à celui de 250 pieds
de longueur qu'auroit l'arche de 500 pieds propofée, vu
le peu de différence. Mais il convient d'examiner fi les
premières retombées ou couffinets de cette même arche,
pourront réfifter à la preffion du poids dont ils feront
chargés, principalement à caufe de celui de la maçonnerie
des reins ou tympans du derrière des vouffoirs, la longueur
de coupe de ces vouffoirs devant être au moins de 7 pieds.

## 10.

La fuperficie de chacun de ces reins, en y comprenant
la longueur des vouffoirs, eft de 11,671 pieds carrés,
déduction faite de 4,322 pieds pour celle des trois œils
de pont mentionnés ci-après, *article 85,* que l'on doit y
faire de chaque côté de la voûte pour diminuer la maffe de
la maçonnerie.

## I I.

En réduifant à un pied, pour la facilité du calcul, l'épaiffeur de cette maçonnerie, fon poids à raifon de 152 livres le pied cube, s'élévera à 1,773,992 livres que foutiendront les premiers vouffoirs ou retombées de 7 pieds de longueur, dont la réfiftance, pour un pied de largeur feulement, fera, comme on l'a dit ci-devant, de 265,680 liv. & pour les 7 pieds de la longueur de coupe de ces premières retombées, de 1,959,760 livres ; ce qui excédera de 185,768 livres la charge de la maçonnerie de chacun des reins de la voûte, pour le cas de l'équilibre feulement.

## I 2.

On doit obferver qu'un gros quartier de pierre, tels que ceux qui formeront les premières retombées de 18 pouces de hauteur, doit réfifter fous la preffion beaucoup plus en raifon de fa maffe, que n'ont pu le faire les petits échantillons de pierre de 2 pouces en carré fur un pouce de hauteur, qui ont été mis en expérience fous la charge ; car, on doit remarquer que ces petits échantillons & même de plus gros, fe trouvant renfermés dans un gros bloc de pierre, comme dans une caiffe, auront beaucoup plus de force pour porter une plus grande charge, puifque l'on fait que l'eau même devient incompreffible, étant contenue dans une fphère creufe, faite en or. On ne penfe cependant pas que des corps folides, tels que la pierre, ne foient fufceptibles de quelque compreffion à raifon de fa porofité & de l'eau de carrière qu'elle peut contenir ;

mais cette preſſion ne doit pas être ſenſible pour de la pierre sèche & de la qualité de celle dont il eſt queſtion.

## 13.

On doit encore obſerver ici que les vouſſoirs ſupérieurs ſe trouveront d'autant moins comprimés, qu'ils ſeront plus élevés en s'approchant de la clef ; & auſſi qu'une partie de la maçonnerie de chaque tympan , en s'appuyant ſur les entailles faites de niveau & par redans, à différente hauteur dans le rocher ſervant de culées , diminuera d'autant ſa charge contre ces vouſſoirs. Ce ſont ces réflexions qui paroiſſent établir la poſſibilité de faire ſolidement une arche en plein cintre de 500 pieds d'ouverture , & encore plus lorſqu'on pourra y employer de la pierre plus dure que celle de Saillancourt, mentionnée ci-devant. On va rapporter pluſieurs expériences à l'appui de ce qu'on vient d'avancer.

## 14.

Deux échantillons de grès , chacun des mêmes dimenſions que ceux dont il a été queſtion ci-deſſus *article 6,* pris au Banc royal dans la forêt de Fontainebleau, dont le poids du pied cube n'eſt que de 150 livres, ont été chargés de 23,050 livres, poids moyen, pour les écraſer, au lieu de 7,375 livres mentionnées au même article. Deux autres échantillons de grès , provenant du rocher de Saint-Germain, de la même forêt, ont été chargés de 29,530 livres, le poids étant de 164 livres le pied cube ; enſorte que la première eſpèce de grès avoit plus du triple de force

que la pierre de Saillancourt , quoique d'une moindre pe-
fanteur , & la feconde du quadruple , avec un excédant de
poids feulement de 12 livres , qui ne fait à peu-près que
le douzième de celui de la pierre de Saillancourt.

### 15.

Deux échantillons de même bafe que les précédens , de
la pierre de Langeac en Auvergne , dont la hauteur étoit
de 3 pouces , & le poids du pied cube de 174 livres , ont
fupporté une charge de 19,010 livres : mais cette charge
s'eft trouvée réduite pour de femblables échantillons qui
avoient encore leur eau de carrière , à 14,530 livres.

### 16.

Deux pareils échantillons provenant d'un volcan de la
même province , du poids de 151 livres le pied cube , ont
fupporté une charge de 19,970 livres & de 20,610 livres ,
ce qui donne moyennement 20,290 livres ; mais deux autres
auffi de lave , du poids de 139 livres le pied cube , n'ont
fupporté de poids moyen que 11,090 livres.

### 17.

Ces expériences font connoître que la réfiftance de la
pierre n'eft pas toujours en raifon de fon poids , mais qu'il
y influe plus généralement ; ce qui doit obliger un ingénieur
chargé de pareils grands travaux , à faire une étude parti-
culière de la pierre qu'il conviendra d'y employer pour être
affuré du fuccès , ayant auffi l'attention de ne pas la pofer en
lit , quoiqu'elle puiffe porter un plus grand poids d'après

les

les expériences que nous en avons faites ; mais elle eſt pour lors ſujette à s'exfolier à ſes paremens.

## 18.

Quand la réſiſtance de la pierre que l'on ſera obligé d'employer, approchera trop près de l'équilibre avec la charge, il conviendra de faire des boſſages ou des refends à chaque aſſiſe, pour l'empêcher de s'épaufrer ſous une compreſſion qui arriveroit trop près de ſes paremens, afin de la porter plus avant dans la pierre, comme il eſt dit *article 94.* C'eſt vraiſemblablement pour ce même motif, que l'on a pratiqué à d'anciens monumens ces boſſages & ces refends ; mais ils ne ſont préſentement plus employés que comme variété dans la décoration de l'architecture des bâtimens moins élevés.

On peut auſſi ſuppléer au moyen que l'on vient d'indiquer pour ce qui concerne la ſolidité, en ne fichant & ne mettant du mortier ſur le lit des pierres, que juſqu'à quelques pouces de leur parement ; le vide qui reſte eſt garni d'étoupes qui empêchent le mortier de ſortir : on retire ces étoupes après que le taſſement s'eſt fait ſur le mortier ; & les joints qui reſtent pour lors vides, ſont garnis en ciment, après avoir retaillé & ragréé les paremens à la fin des ouvrages. Cette attention qui ſe pratique généralement dans les travaux publics, empêche également la pierre de s'épaufrer à ſes paremens, parce qu'ils ne participent point au taſſement qui ſe fait entiérement ſur le reſte du lit des pierres.

B

# SECTION II.

*Compofition des Cintres de charpente, & le moyen de les élever.*

### 19.

L'ARCHE de 90 pieds de Nogent-fur-Seine, celle de 96 pieds du milieu du pont de la Liberté, celles de 120 pieds de Mantes & de Neuilly, ont été faites fur des cintres retrouffés qui ne font appuyés que contre les culées & les piles ; mais lorfque ces arches fe trouvent plus grandes, telle que celle de 150 pieds, projetée en portion d'arc pour Melun, dont la flèche eft de 10 pieds de longueur, & celle de pareille ouverture, nommée le *pont de Lavaur*, de 67 pieds de montée, faite dans la ci-devant province du Langudoc, les cintres ont befoin alors d'être foutenus, foit par de forts pieux, ainfi qu'on doit le faire à Melun, fur trois rangs placés au milieu perpendiculairement aux têtes, efpacés à 4 pieds en tout fens, de milieu en milieu ; foit fur des piliers ou des arcades de maçonnerie ou de briques, comme on l'a fait au pont de Lavaur, quoique fans néceffité, parce qu'on pouvoit également y fubftituer des files de gros pieux bien moifés & liés entr'eux, en les couronnant de chapeaux pour porter les fermes des cintres.

### 20.

Pour établir les cintres d'une arche de 500 pieds, demi-circulaire, fur une vallée dont la profondeur auroit au

moins 250 pieds, & feroit bordée de rochers efcarpés qui lui
ferviroient de culées, il conviendra d'élever provifoirement
fix piles en pierre de taille ou libages débrutis, maçonnées
avec mortier de chaux & fable, lefquelles pourront être
démolies en tout ou partie, fi on le trouve convenable,
après la conftruction de l'arche, pour que les matériaux
qui en proviendront puiffent être employés aux murs
d'épaulement & pilaftres, ainfi qu'aux œils de pont & aux
trompes en tour creufe fur l'angle, dont il fera parlé
ci-après, & à la maçonnerie des reins.

La profondeur de la vallée qui doit être égale à la
hauteur de cette arche, la rendroit plus élevée d'environ
48 pieds que les tours Notre-dame de Paris, & de 120
pieds que le Panthéon de Rome, monument d'architecture le
plus hardi qu'ayent fait les Romains, dont la hauteur de la
voûte n'eft cependant que de 134 pieds au-deffus du pavé,
& le diamètre de pareille dimenfion.

## 21.

Les quatre piles les plus élevées feroient efpacées à
100 pieds, de milieu en milieu; elles auroient 10 pieds
d'épaiffeur au fommet. Les deux dernières piles ne feroient
éloignées que de 50 pieds du parement des culées, & de
pareille diftance du milieu des piles précédentes; leur épaiffeur
feroit réduite à 8 pieds dans le haut : elles auroient toutes
60 pieds de longueur, & feroient élevées avec talus de
4 lignes par pied de hauteur au-deffus de leur retraite ou
empattement du bas; le tout fondé fur le rocher ou autre
terrain très-folide. On arrondiroit en demi-cercle leur

avant-bec feulement, jufqu'à la hauteur des plus grandes eaux.

## 22.

D'après la gravure ci-jointe, les piles du milieu auroient chacune 200 pieds de hauteur, les moyennes 165 pieds, & les plus baffes 100 pieds ; on réferveroit dans le milieu de leur longueur, une ouverture de 4 pieds & de 8 pieds de hauteur au-deffus des échafauds mentionnés ci-après, pour fervir de paffage aux ouvriers & aux matériaux d'un côté à l'autre des piles.

## 23.

Pour faciliter cette conftruction , on établira quatre échafauds , efpacés à 50 pieds au - deffus les uns des autres , qui ferviront d'étréfillons contre le déverfement des piles. Le dernier échafaud fervira de pont provifionnel, pour lever les cintres & conftruire la voûte depuis l'angle de 30 degrés ou environ de part & d'autre des naiffances, jufqu'au-quel angle on fait que les vouffoirs pourront être pofés avec plus de facilité, au moyen de ce qu'ils ne gliffent point les uns fur les autres.

On pofera fous le milieu de chaque poutrelle des échafauds d'entre les piles les plus élevées , un ou deux rangs de forts poteaux qui monteront de fond , lefquels feront entés & moifés au milieu de leur hauteur ; ils feront pofés fur des femelles par bas & coiffés d'un chapeau : on affemblera haut & bas des liens en contre-fiches de chaque côté de ces poteaux.

On établira auffi de petits échafauds verticaux au pourtour

des piles, pour en élever la maçonnerie juqu'à la hauteur de chaque échafaud fupérieur ; après quoi ils feront démontés & repofés fucceffivement pour remplir la même fonction, de 50 en 50 pieds de hauteur.

## 24.

On fait d'ailleurs que l'angle des frottemens eft, pour les corps polis, d'après les expériences de M. Amontons, de 18 degrés 26 à 27 minutes , calculés par M. Parent dans fon *Mémoire de l'académie des fciences de l'année 1699.* Cet angle fe réduit pour les groffes maffes , telles que celle des vaiffeaux qu'on lance à la mer fur des plans inclinés, à 4 ou 5 degrés ; mais il eft de 44 degrés pour une pierre brute que l'on veut faire gliffer fur un madrier feulement fcié, fans être raboté ; ce qui fait encore connoître que l'on peut élever les voûtes avec facilité fans cintre, fur les 30 premiers degrés à partir de la naiffance, & même jufqu'à 45 degrés, en foutenant un peu les vouffoirs de deffus pendant leur pofe (*).

## 25.

Les fermes feront compofées de fept cours d'arbalêtriers, chacun de 18 à 21 pouces de groffeur, & de 21 à 24 pieds de longueur : ceux du milieu & les deux premiers du bas, feront pofés jointivement à redans avec ceux du deffus.

---

(*) *Voyez* le Mémoire lû à l'académie des fciences par le citoyen Perronet, fur l'éboulement des portions de montagnes & autres terrains élevés , que l'on trouve dans le fupplément de fes ouvrages, *page 9.*

## 26.

Ces redans auront 3 pouces de profondeur & 6 lignes de jeu entr'eux, pour y chaffer des coins de part & d'autre : leur entaille fera faite en queue d'hironde, ainfi que Grubbmann l'a pratiqué avec le plus grand fuccès au pont de Wettenguen, pour une arche ou travée de charpente de 185 pieds d'ouverture & de 28 pieds de flèche. -

## 27.

Les autres arbalêtriers feront pofés triangulairement, moifés à chaque bout & au milieu de leur longueur avec des pièces de même groffeur que ces arbalêtriers ; le tout retenu enfemble par des boulons de fer de deux pouces de diamètre, ayant leurs têtes, écroues, rondelles & clavettes convenables. Ces pièces, qu'on nomme *moifes pendantes*, feront toutes dirigées au centre de l'arche. Sur le deffus du dernier rang d'arbalêtriers, on pofera des vaux ou pièces courbées d'après l'épure de la voûte.

## 28.

Chaque bout des arbalêtriers fera fait en portion d'arc décrite avec un rayon de la longueur de l'arbalêtrier, & affemblé avec les moifes, fablières & jambes de force dans une entaille de même courbure, à un pied au-deffous des arbalêtriers fupérieurs. On donnera à cette entaille un peu de jeu au haut & au bas, pour faciliter le mouvement que prennent néceffairement les cintres en remontant, lorfqu'on les charge du bas, & en defcendant, à mefure que la charge devient plus confidérable, jufqu'à ce qu'on ait pofé les clefs ;

mais pour diminuer le rehauffement des cintres, on doit avoir l'attention de charger leur fommet à mefure qu'il s'élève, avec un certain nombre de cours de vouffoirs taillés & prêts à pofer au haut de la voûte. Cette charge a été portée à chacune des arches du pont de Neuilly, jufqu'à 930 milliers. Les fermes étoient efpacées à 6 pieds de milieu en milieu, & compofées de quatre cours d'arba-lêtriers, ayant depuis 19 jufqu'à 23 pieds de longueur, & 14 à 17 pouces de groffeur : elles ont baiffé de 13 pouces jufqu'au moment de la pofe de la clef, & de 9 pouces 6 lignes après cette pofe ; ce qui fait en total 22 pouces 6 lignes dont elles avoient été furhauffées, d'après la cour-bure qu'on défiroit leur faire prendre.

## 29.

Le cintre de l'arche de 500 pieds & de 30 pieds de largeur, fera compofé de fix fermes, dont le milieu des premières fera placé à deux pieds du nu de chaque tête ; ce qui donnera à-peu-près cinq pieds 3 pouces pour l'efpa-cement des autres fermes de milieu en milieu, & 2 pieds feulement pour la charge de chacune de celle des têtes.

## 30.

Indépendamment des moifes pendantes mentionnées ci-devant, on en pofera d'horizontales de 9 à 18 pouces de groffeur, à la diftance de deux de ces moifes ; obfervant d'en mettre un court dans le bas des fermes, & l'autre alter-nativement au haut des mêmes fermes, & de plus des cours de liernes horizontales de 8 à 9 pouces de groffeur,

placées au milieu de l'efpace d'entre les moifes horizontales.
Toutes ces moifes & liernes feront d'une feule pièce fur leur
longueur, entaillées & boulonnées au droit des moifes & des
arbalêtriers.

## 31.

On pofera auffi des cours de guettes ou contre-vents de
8 à 9 pouces de groffeur dans les fermes, pour s'oppofer
en fens contraire à leur déverfement.

## 32.

Malgré cette précaution qui eft effentielle, fur-tout pour
les grandes arches, on élèvera la partie des piles qui faillira
de 15 pieds de nu de chaque tête, fur une longueur feulement de 10 pieds jufqu'à 5 pieds de l'à-plomb du nu des
têtes de l'arche, cet efpace devant être réfervé pour faciliter
la pofe des premières fermes. L'élévation fera faite à-plomb
jufqu'à la hauteur du deffus des fermes, & fervira à les contre-
venter, avec des étréfillons qui viendront s'appuyer contre
l'exhauffement des piles.

## 33.

Les fermes feront foutenues par ces piles, au moyen de
la prolongation des moifes & des pièces en décharge,
lefquelles dernières pièces auront 15 pouces de groffeur en
carré, ainfi que les jambes de force qui feront appliquées
contre les piles. On obfervera de placer des boffages fervant
d'épaulement aux endroits néceffaires, pour affujettir ces
jambes de force dans une pofition verticale, & auffi des
encorbellemens de deux affifes de pierre fous les parties des
jambes

jambes de force qui feront interrompues dans leur hauteur ; le tout comme cela eft figuré fur la gravure à laquelle on renvoie, afin de ne pas entrer dans des détails trop minutieux, tant pour la manière dont les piles précédentes doivent fupporter les cintres, que pour les autres piles, les perfonnes intelligentes n'ayant d'ailleurs pas befoin de pareils éclairciffemens.

## 34.

Les liens en contre-fiche qui feront deftinés à foutenir le dernier pont de fervice, s'affembleront dans le haut avec les fous-poutrelles du pont, & par bas dans les jambes de force. Ils feront moifés vers le milieu de leur longueur, & ne participeront point, non plus que le pont, au foutien des fermes.

## 35.

On obfervera feulement ici, que l'on doit doubler jointivement fur leur hauteur les poutrelles du pont de fervice, pour qu'elles ne foient pas trop affoiblies par les entailles du deffus & du deffous de ces pièces. On leur donnera 12 pouces de large & 15 pouces de haut ; le rang fupérieur fera compofé de deux poutrelles d'égale longueur, foutenues à leur jonction dans leur milieu par les poteaux de fond mentionnés *art. 23.*

## 36.

Le fecond rang des poutrelles des ponts de fervice, fera compofé de trois pièces de longueur égale entr'elles, pour que le joint du milieu du cours fupérieur fe trouve recouvert.

C

On les affemblera toutes en recouvrement avec trait de jupiter à leur bout, & on les boulonnera de 10 pieds en 10 pieds avec boulons de fer de 18 lignes de diamètre, pour fixer les deux cours de poutrelles enfemble.

## 37.

Pour que l'on foit plus affuré de la réfiftance des fermes, il eft néceffaire d'examiner quelle fera la force des parties qui doivent les compofer, & auffi des pièces à placer fur les points d'appui pour les foutenir, relativement au poids dont elles feront chargées, en fuppofant que les bois foient tous de chêne.

## 38.

On remarquera premièrement, que la partie de 100 pieds d'entre les deux points d'appui du milieu, eft celle de la voûte qui fe trouvant la moins inclinée à l'horizon, chargera le plus directement les fermes.

## 39.

Cette partie dont les vouffoirs doivent avoir 7 pieds de longueur de coupe & 5 pieds 3 pouces de large, diftance du milieu d'une ferme à l'autre, pèfera 661,500 liv. en fuppofant la pierre du poids de 180 livres le pied cube, afin que les cintres fe trouvent affez forts lorfqu'on pourra employer de la pierre plus dure que celle de Saillancourt, qui ne pèfe que 152 livres.

## 40.

Les fept arbalêtriers d'entre les moifes pendantes, diftantes l'une de l'autre d'environ 12 pieds du deſſous de cette même partie de voûte, peuvent être conſidérés comme étant chargés verticalement dans leur milieu.

## 41.

Ces pièces compriſes entre deux moiſes pendantes & chargées dans leur milieu pourront réſiſter, chacune dans le cas de l'équilibre, à un poids de près de 388 milliers d'après les expériences de feu M. de Buffon, rapportées dans les mémoires de l'Académie des Sciences, de 1741, qui a reconnu que, pour qu'une pièce de 14 pieds de long & 5 pouces de groſſeur en carré, fût rompue, il avoit fallu la charger du poids de 5283 livres, en établiſſant auſſi d'après les mécaniciens, que la réſiſtance des pièces ainſi poſées de niveau, doit être dans la raiſon du carré de leur hauteur, multiplié par leur largeur, & de l'inverſe de leur longueur.

## 42.

Ce poids de 388 milliers doit être réduit à 97 milliers, ou ſi l'on veut à 100 milliers, faiſant à peu-près le quart de la force totale d'une de ces pièces, pour qu'elles ne puiſſent pas plier ſenſiblement.

## 43.

Il faut obſerver que les deux arbalêtriers du deſſous & le cours du milieu, qui doivent être aſſemblés à redan jointivement & boulonnés avec celui du deſſus, auront dans la raiſon du carré des hauteurs, une force quadruple, laquelle tiendra lieu de quatre arbalêtriers de plus qui ſeroient iſolés.

ils porteront le nombre total de chaque partie des fermes à la réfiftance de onze arbalêtriers, au lieu de fept qui font figurés fur la gravure; & à 1,100,000 livres pour la réfiftance entière, au lieu de 661,500 livres que doit pefer la partie de voûte correfpondante.

## 44.

On fait auffi que les pièces horizontales peuvent être chargées à peu-près du double du poids qu'elles porteront dans leur milieu pour les rompre, en diftribuant ce poids également fur toute leur longueur, comme doivent l'être les arbalêtriers par les vouffoirs qu'ils ont à foutenir; & cela fe trouve confirmé par les expériences que nous en avons fait faire : ce qui fortifiera encore les fermes dans la même proportion du double, & élévera leur réfiftance à 2,200,000 livres. Elles feront auffi foutenues à chaque bout jufque près des quatrièmes piles, par des parties femblables & prefqu'horizontales, qui auront la même force.

## 45.

Ces pièces horizontales auront auffi beaucoup de force pour réfifter par leur bout dans la direction de la longueur de leurs fibres, qui eft la réfiftance principale qu'on a voulu leur donner, & qu'il eft aifé de remarquer par la manière dont ces fermes font compofées.

## 46.

Si l'on veut confidérer quelle feroit cette force longitudinale de chacun des arbalêtriers, d'après les expériences rapportées par Muſchembroeck dans ſon Eſſai de Phyſique *(page 256)*, pour le cas de l'équilibre avec ſa réſiſtance, & auſſi que cette force doit être établie dans la raiſon directe du cube de la groſſeur du bois, ou bien du carré du petit côté qui doit plier, multiplié par l'autre côté, & enſuite par l'inverſe du carré de leur longueur, en comptant le pied rhénant dont s'eſt ſervi Muſchembroeck, pour 11 pouces 7 lignes du pied-de-roi, & la livre pour 14 onces, poids de marc ; on peut en conclure, au défaut d'expériences ſemblables faites plus en grand, qu'une pièce de bois de chêne de 6 pieds de long & de 6 pouces de gros en carré, portera 23,418 livres.

### 47.

Il réſulte que la partie d'un arbalêtrier de 12 pieds de longueur, à laquelle il doit être réduit pour la diſtance d'une moiſe à l'autre, & de 18 à 21 pouces de groſſeur, aura une force de 92,200 livres, étant évaluée à moitié au lieu du quart de la réduction qu'il eſt néceſſaire d'obſerver pour des pièces horizontales ; ainſi qu'il eſt dit ci-devant, pour qu'elles ne puiſſent pas plier ſenſiblement ; & les ſept arbalêtriers enſemble réſiſteront à un poids de 645,400 livres, ſans avoir égard à la poſition jointive des deux arbalêtriers du deſſous, parce qu'ils n'augmentent point la force, étant comprimés à leurs bouts, comme lorſqu'ils ſont chargés dans une poſition horizontale par le deſſus ; mais on n'aura point d'égard à cette force qui ſe répète & ſe contrebutte, en ſe détruiſant par ſa réaction ſur chaque partie des arbalêtriers d'une moiſe à l'autre.

## 48.

On voit que d'après cette manière de confidérer la
réfiftance des bois, ils auroient encore affez de force pour
porter une égale partie d'environ 100 pieds de longueur de
la voûte qui fe trouve de chaque côté de celle du milieu,
jufqu'aux points d'appui qui les précèdent ; puifque la partie
du haut des cintres fera du double & même du quadruple
plus forte qu'il ne faudra, d'après les calculs que l'on vient
d'en donner, joint à ce que ces parties de voûte pèferont
d'autant moins verticalement, en fe rapprochant des culées
par l'obliquité de leur courbure, qu'elles reporteront une
partie de leurs poids contre les culées. Cependant il y auroit
encore moyen de fortifier ces mêmes parties de cintre, dans
le rapport de 7 à 10, en doublant jointivement les trois
arbalêtriers que l'on a fuppofé devoir refter ifolés.

## 49.

On remarquera, d'après ce qui vient d'être dit, que l'on
pourroit tirer deux réfiftances d'une même pièce de bois ;
l'une, en la chargeant dans une pofition horizontale, l'autre
en la comprimant en même temps fuivant la longueur de
fes fibres. On obfervera de réduire les poids, pour que
cette pièce ne puiffe plier fous ces différens efforts, qui
ne fe détruifent pas, étant perpendiculaires l'un à l'autre.

Cette manière de confidérer toute la force d'une même
pièce de bois, n'a pas encore été envifagée, quoique l'on
puiffe en trouver l'application en mécanique.

## 50.

La partie d'un couchis du haut de la voûte, de 8 pouces de grosseur & de 5 pieds 3 pouces de longueur, milieu d'une ferme à l'autre, étant réduite au quart de sa force, comme doivent l'être les pièces horizontales qui sont chargées verticalement, pourroit porter un poids de 14,225 livres: mais la partie des voussoirs qu'elle soutiendra, ne pèsera au plus que dix milliers.

## 51.

Il suffira que les couchis du bas de la voûte ayent 6 pouces de grosseur jusqu'à la hauteur au plus de l'angle de 45 degrés, & ils seront encore assez forts, parce que les voussoirs se trouvent soulagés d'une grande partie de leur poids par ceux du dessous. Ces couchis ne sont principalement utiles vers les naissances, ainsi que leurs cales, que pour empêcher les fermes d'être repoussées contre la voûte à mesure que l'on vient à les charger.

## 52.

On doit présentement examiner sommairement la force des pièces de 15 pouces en carré, qui serviront à décharger sur les points d'appui, la partie des fermes & de la voûte correspondante aux quatre piles du milieu, dont la distance verticale est de 300 pieds.

## 53.

Ces pièces au nombre de 22, pourront porter chacune dans une position verticale, environ 70 milliers sans plier; mais l'on sait qu'étant inclinées, la force qu'elles perdront

encore, fe trouvant dans le rapport du finus total au cofinus
de l'angle d'inclinaifon que formera la direction verticale
de la charge avec les pièces inclinées, fera de trois dixièmes ;
ce qui réduira environ à 21 milliers la force de chacune
de ces 22 pièces, & en total à 462 milliers qui, joints
aux 2,200,000 livres mentionnées *article 44*, porteront la
réfiftance totale des cintres & de leurs décharges à environ
2,662,000 livres.

## 54.

La circonférence moyenne de la demi-voûte qui paffera
par le milieu de la longueur des vouffoirs, fera de 896
pieds, leur longueur de 7 pieds, & la diftance du milieu
d'une ferme à l'autre, de 5 pieds 3 pouces ; ce qui produit
32,928 pieds cubes, lefquels fur le pied de 180 livres,
donneront pour poids total de la partie de la demi-voûte
que fupportera chaque ferme d'entre celle des têtes,
5,927,040 livres.

## 55.

Il faut remarquer que d'après le calcul de M. Couplet,
que l'on trouve dans les Mémoires de l'Académie des
Sciences de l'année 1729, en fuppofant, comme il l'a
fait, que les lits de la coupe des vouffoirs font polis, la
charge d'une voûte en plein cintre fe trouve réduite aux
quatre neuvièmes, fur les fermes du cintre, & encore moins
des quatre neuvièmes pour ce qui fe pratique dans la conftruction des voûtes, dont les lits des vouffoirs font bruts
& ne doivent pas tendre à porter autant fur les fermes que
s'ils étoient polis ; ce qui revient à peu-près, fuivant l'hypothèfe

de

de M. Couplet, au réfultat de la formule qu'a donnée
M. Delahyre, qui n'a confidéré que la partie de la voûte
qui fe trouve au deffus de 45 degrés de chaque côté de fa
naiffance, pour celle qui doit charger les cintres après la
pofe des clefs, & reporter la pouffée totale vers les culées;
mais cette partie forme la moitié de la voûte & fe trouve, à
un huitième près, égale aux quatre neuvièmes de M. Couplet.

## 56.

Ces quatre neuvièmes réduiront à 2,634,240 livres les
5,927,040 livres trouvées ci-devant *article 54*, pour poids
total de la partie de voûte de 500 pieds d'ouverture, au
lieu de 2,662,000 livres que donne la réfiftance de chaque
ferme & de leurs décharges, fuivant l'*article 53*, ce qui
rend cette réfiftance encore plus forte de 22,760 livres.

## 57.

On ne doit pas s'attendre que le calcul fur la force des bois
des fermes & de leurs décharges, ait été fait avec la même
facilité & exactitude que l'on auroit pu apporter pour une
arche ordinaire, telle que celle de 60 pieds en plein cintre,
& 80 pieds furbaiffée, dont M. Pitot a examiné dans le
mémoire qu'il a remis à l'académie des fciences, en 1726,
la force qu'il faut donner aux cintres des arches pour des
voûtes que l'on confidéroit alors comme grandes, d'après
la qualification même de M. Pitot; mais on ne s'eft propofé,
ainfi qu'on l'a déjà dit, que d'expofer ce que l'on penfe
fur la recherche des moyens d'établir de plus grandes arches.

D

## 58.

Les perfonnes qui s'occuperont de la perfection de ces moyens, doivent avoir égard dans leurs calculs, à la nature des bois qui pourront être employés aux cintres: s'ils étoient de fapin, leur réfiftance, étant chargés debout, devroit être réduite dans le rapport de 12 trois cinquièmes à 9 deux cinquièmes, ou à peu-près du quart, fuivant les obfervations de M. de Buffon dans fon mémoire mentionné ci-devant ; ce qui obligeroit alors de fortifier convenablement la groffeur des bois des cintres, ou bien de leur ajouter une feptième ferme.

## 59.

Si ces mêmes bois doivent être chargés étant pofés horizontalement, M. Parent a établi par fon mémoire imprimé dans ceux de l'académie des fciences de 1707, qu'ils pourroient porter un cinquième de plus que le bois de chêne ; on prétend d'ailleurs qu'ils caffent fans plier autant que le fait le chêne. Ces différences dépendent vraifemblablement de la configuration des fibres ligneufes des deux efpèces de bois, & de celle de leur élafticité, qui eft plus grande dans le bois de chêne.

## 60.

La courbure de l'ételon ou tracé des fermes fur le chantier, fera furhauffée de 8 pieds d'après les mefures mentionnées ci-devant, en lui donnant une forme oyale dont le petit diamètre fera toujours de 500 pieds, & la moitié du grand diamètre placé verticalement, de 258 pieds.

## 61.

C'eſt à ce ſurhauſſement de 8 pieds, que l'on évalue que pourra ſe faire le taſſement total des fermes, dont environ moitié ou les deux tiers avant la poſe des clefs, & le ſurplus enſuite par le reſte de la compreſſion du mortier des joints.

Ces joints, au lieu de 6 lignes qu'on leur donnera, pourront être réduits par la compreſſion, à 5 lignes dans les deux tiers de la partie ſupérieure de la voûte, en y employant du mortier de chaux & ciment.

## 62.

A l'égard des parties du deſſus des naiſſances juſqu'à la hauteur de l'angle de 30 degrés de chaque côté, qui formeront un tiers de la voûte, on pourra y employer du mortier de chaux & ſable graveleux, à cauſe de la difficulté que l'on auroit dans des endroits qui pourroient être éloignés des habitations, d'y raſſembler une aſſez grande quantité de ciment, à moins qu'il ne ſe trouvât aux environs, des montagnes volcaniſées qui fourniroient une eſpèce de pouzzolane qu'il faudroit même préférer au ciment.

## 63.

Pour diminuer encore plus le taſſement de la compreſſion des joints de ces mêmes parties de voûte, comme elles peuvent être preſque faites ſans le ſecours des cintres, ainſi qu'on l'a déjà dit, il conviendra de les commencer pendant qu'on préparera les bois des cintres, & de laiſſer un intervalle

d'un an avant de continuer la pofe des voufloirs des parties
fupérieures, afin de donner au mortier des joints le temps
de s'affermir & de réfifter à la compreffion. On pourra dans
cet intervalle, préparer les autres voufloirs & les faire
approcher de l'arche, ainfi que les bois des cintres & ceux
deftinés à les fortifier par-deffous, qui auront leurs points
d'appui fur les piles de maçonnerie.

## 64.

Le gâcheur ou maître charpentier aura l'attention de ne
fixer la longueur de ces dernières pièces du deffus des
plus hautes piles, que quand on s'apercevra que les fermes
auront befoin d'être fortifiées par le deffous à caufe d'une
trop grande charge de voufloirs; ce qui facilitera le décintrement dont il fera parlé ci-après.

## 65.

On tracera fur l'épure de la demi-voûte la coupe de
chaque voufloir, en lui fuppofant l'épaiffeur de douelle que
les bancs de carrière des environs du lieu où devra être
conftruite l'arche, pourront permettre de lui donner, en
tâchant, s'il fe peut, que cette épaiffeur ne foit pas moindre
de 18 pouces.

## 66.

Le charpentier tracera fur le cintre le milieu de l'emplacement de chaque voufloir, & y pofera dans le vide de
2 pieds qui aura été réfervé entre le deffus des fermes & la
voûte, des couchis de 8 pouces en carré fur les deux tiers
du haut de la voûte, & de 6 pouces au-deffous. On pofera

en même temps les calles qui doivent foutenir les couchis, en les faifant de plufieurs pièces que l'on puiffe ruiner lors du décintrement. Ces couchis auront chacun 28 pieds de long, & feront pofés d'équerre fur les têtes de l'arche; mais on ne déterminera définitivement leur emplacement, qu'à mefure de la pofe de chaque cours de vouffoirs.

## 67.

Les vouffoirs des têtes feront pofés avec un quart-de-cercle, & d'après des tables calculées de leur diftance aux lignes verticales qui feront tracées fur les cintres à 50 pieds les unes des autres, & à une ligne horizontale que l'on établira pour cet effet contre des poteaux qui feront élevés fur le pont de fervice. On y emploîra des niveaux à lunette, placés à chaque bout de l'arche fur le rocher ou autre point fixe. Les extrémités de la ligne horizontale feront établies d'après de pareils points fixes, pour favoir de combien fe feront abaiffées les fermes au droit de la prolongation de l'axe du milieu des points d'appui, afin de connoître l'affaif-fement de ces fermes fous la charge des vouffoirs. On pourra d'ailleurs avoir recours aux éclairciffemens qui font donnés à ce fujet dans l'œuvre *in-fol.* du citoyen Perronet, auquel on renvoie également pour des détails que l'on ne donnera pas ici fur la pofe des fermes, celle de la pierre, & le décintrement des ponts.

## 68.

En finiffant cette fection, nous obferverons que l'on pourroit fupprimer les parties inférieures des fermes jufqu'à la hauteur de 25 ou 30 degrés, en établissant le surplus sur de petits arcs, comme l'indique la gravure par un papier de retombée, lesquels arcs seroient supprimés après le décintrement de l'arche.

# SECTION III.

## *Décintrement.*

### 69.

Il y a une grande différence dans la manière de décintrer les ponts qui sont établis sur des fermes retroussées, ainsi que cela a eu lieu au pont de Neuilly, de celle qu'on doit employer lorsque les fermes sont soutenues sur des points d'appui entre leurs culées. Dans le premier cas, les fermes, en s'affaissant sous la charge des voussoirs, conservent par l'élasticité des bois, une courbure régulière de même genre que celle de l'ételon ou de l'épure ; mais des points d'appui intermédiaires & inflexibles la corromproient nécessairement, en formant ce que l'on nomme des *jarrets* ou changemens de courbure au droit de chacun de ces points d'appui ; ce qui seroit autant désagréable que dangereux pour les grandes arches. C'est pourquoi on est obligé de prendre des précautions différentes de celles dont on a usé jusqu'à présent, pour le décintrement de l'arche dont il est ici question.

### 70.

Chaque partie des fermes, en s'affaissant sous son propre poids & successivement sous celui des voussoirs dont elle sera chargée, le fera verticalement, abstraction faite de la résistance des points d'appui, en suivant la proportion de la partie des ordonnées verticales d'entre la courbure demi-circulaire & celle de forme ovale, qui seront tracées sur l'ételon; mais quand cet affaissement seroit différent des 8 pieds dont le demi-cercle aura été relevé, il suivra toujours la proportion de ces mêmes ordonnées, en formant une autre courbure régulière qui se termineroit à zéro aux naissances.

<h3 style="text-align:center">71.</h3>

Il suit de cette observation & des précédentes, que pour que la courbure ne fasse point de jarret, il faudra tâcher de faire descendre les fermes au droit de chaque point d'appui, dans la proportion du résultat moyen de ces ordonnées, & de celui dont il est parlé précédemment *article 67.*

<h3 style="text-align:center">72.</h3>

On présume que l'affaissement total des fermes sera, comme à la clef, sur l'axe de chacune des deux piles du milieu, à peu-près de 8 pieds; de 5 pieds aux piles intermédiaires, & de 4 pieds sur celles qui seront les plus proches des culées; mais comme on pense que la moitié du tassement total se fera par la surcharge des bois des fermes & celle des voussoirs qui seront posés jusqu'à la hauteur d'un angle de 30 degrés, il ne restera, lors du décintrement total de la voûte, à faire baisser les fermes sur la partie inférieure du cintre qui les soutiendra, que d'environ la moitié de leur surhaussement. C'est d'ailleurs pour plus de sûreté, qu'on le réglera d'après ce qui sera arrivé lorsque la voûte se trouvera élevée jusqu'au droit de l'axe des différens points d'appui.

## 73.

Pour faciliter les différens tassemens & le décintrement des fermes, que l'on a intérêt de proportionner au tassement total qui doit arriver sur chaque point d'appui, afin que l'arche puisse conserver la courbure qu'elle doit avoir dans les différens temps de sa construction, on fera scier & ruiner en même temps en parties égales avec la scie, le ciseau & le maillet, une tranche pyramidale de quelques pouces, de la partie inférieure de toutes les pièces qui doivent servir à fortifier le cintre en charpente, & cela successivement & à mesure qu'on en reconnoîtra la nécessité. Ces parties seront proportionnées pour chaque point d'appui, au tassement total qui doit lui correspondre ; c'est-à-dire, qu'en le supposant, comme on l'a fait ci devant *article 72*, de 4 pieds à ceux du milieu de l'arche, 3 pieds aux suivans, & de 2 pieds à ceux les plus proches des culées ; & que l'on entreprenne de les couper en six temps différens, à huit jours de distance l'un de l'autre, chaque partie sera de 8 pouces pour les premiers points d'appui, de 6 pouces aux suivans, & de 4 pouces aux derniers. C'est par ces derniers que l'on commencera ces retranchemens, en montant ensuite aux autres, le tout plus ou moins, suivant la nécessité, en observant essentiellement de ne faire descendre que très-lentement d'aussi grandes masses, pour que leur force, qui n'est que d'inertie dans l'état de repos, ne soit pas changée

en

en force vive par la vîteffe que leur donneroit une defcente plus prompte, qui deviendroit fort dangereufe.

## 74.

C'eft pour le même motif, qu'il faudra commencer par fcier chaque pièce de foutien des fermes dans fon pourtour, feulement du quart ou du tiers de fon épaiffeur, jufqu'à ce que l'on s'aperçoive que la partie qui aura été réfervée au milieu, foit menacée d'être écrafée par la charge fupérieure. Il fera auffi néceffaire de faire fcier ces pièces un peu obliquement fur chaque face, pour que la partie inférieure de leur bout prenne une forme pyramidale qui puiffe les empêcher de s'écarter en aucun fens de l'entaille de même forme, que la fcie aura faite aux bouts qui refteront au bas de ces mêmes pièces.

Les détails précédens pourront paroître minutieux ; mais ils deviennent néceffaires pour le fuccès d'une entreprife qui n'a pas encore eu d'exemple.

## 75.

L'ufage ordinaire pour les grandes arches qu'on a faites jufqu'à préfent, eft d'attendre que les mortiers des joints du haut de la voûte ayent acquis affez de confiftance, pour que l'on ne puiffe pas y introduire la lame du couteau ; ce qui arrive ordinairement avant l'efpace d'un mois, fuivant que la pierre eft plus ou moins dure & poreufe pour abforber la partie la plus liquide de la chaux : mais on penfe qu'il fera prudent d'attendre fix ou huit mois, avant d'entreprendre de décintrer l'arche de 500 pieds, afin de donner plus de temps au mortier de prendre corps, & pour diminuer auffi

E

l'affaissement qui doit nécessairement résulter de la com-
pression des joints.

## 76.

Pour faciliter le décintrement des fermes, après avoir
dégagé le bas de leurs points d'appui, comme on vient
de l'expliquer *article 73*, on enlevera les couchis de la
voûte ; ce qui sera facile sur la hauteur de l'angle de 30
degrés de chaque côté, & même jusqu'à 45 degrés, parce
que les voussoirs en sont repoussés contre les culées, en
s'isolant des fermes par le poids de la partie supérieure de
la voûte, qui tend en forme de coin, comme on l'a déjà
dit, à renverser les parties inférieures.

## 77.

On continuera ensuite par le bas à retirer de chaque côté
une dixaine de couchis, en ruinant les cales du dessous lorsque
cela sera nécessaire ; mais quand on sera arrivé à 25 pieds d'un
& d'autre côté de la clef, on placera des étrésillons de 5 à
6 pouces en carré & 2 pieds de longueur, de deux en deux
rangs de voussoirs proche les couchis, entre les fermes & la
voûte, avant de les retirer ; ce qui sera fait en même temps
de part & d'autre de la clef, & en même nombre chaque
jour.

## 78.

On laissera la voûte un mois dans cet état, pour qu'elle
achève de prendre son tassement très-lentement, en repoussant
les parties inférieures des fermes dont les couchis & les cales
auront été enlevés, & on ruinera successivement les étrésillons
d'entre les fermes & la voûte : on commencera également par

un même nombre de chaque côté, en fe rapprochant du haut de la voûte, & l'on doit s'attendre que ceux des derniers rangs vers la clef feront écrafés avec beaucoup de bruit, par la charge d'une partie de la voûte. C'eft pour lors que les fermes étant déchargées virtuellement de leur plus grand fardeau, après la pofe des clefs, remonteront fubitement par la force de l'élafticité des bois qui auront été fortement comprimés fous la charge de la voûte dont elles fe trouveront ifolées.

Cette voûte aura alors la facilité de continuer de s'affaiffer, à mefure que les mortiers des joints, principalement ceux de fes parties fupérieures, feront plus comprimés, & cela arrivera fur-tout dans les premiers jours ; mais il faudra attendre, avant de démonter les fermes, que le taffement foit devenu infenfible, pour être en état de retenir la voûte, s'il arrivoit que fon affaiffement devînt plus confidérable qu'on ne l'eût prévu.

## 79.

On enlevera enfuite les moifes & les liernes horizontales du bas des fermes également, jufqu'à la hauteur de l'angle de 45 degrés, pour les affoiblir peu-à-peu chaque jour par cette opération, & pour qu'une continuation de l'affaiffement de la partie fupérieure de la voûte, faffe baiffer fucceffivement & lentement le fommet des fermes, en les repouffant par le bas dans le vide de deux pieds, dont on aura retiré les couchis & les cales.

## 80.

Ce ne fera qu'après avoir remarqué que la voûte ne s'affaiffera plus fenfiblement, & qu'elle reportera toute fa pouffée contre les culées, & auffi après qu'on aura terminé les ragrémens & rejointoiemens en ciment du deffous de la voûte & de fes têtes, que l'on pourra entreprendre d'achever de

E 2

démonter & d'enlever les fermes, le pont de service & tous les autres bois qui auront servi à la construction de la voûte.

## 81.

A l'égard des autres ponts de service ou échafauds servant d'étrésillons contre le dévers des piles, on pourra les enlever à mesure que les parties supérieures de la maçonnerie des piles auront été démolies, ainsi que les petits échafauds verticaux & légers qui seront restés dans la dernière partie du haut de ces piles.

## SECTION IV.

*Murs d'épaulemens & pilastres, trompe sur l'angle en tour creuse, œils de Pont & maçonnerie des reins.*

## 82.

En achevant la démolition des cintres de charpente, on élevera deux murs d'épaulement de 30 pieds de longueur à mesure de la pose des voussoirs du bas de la voûte, ainsi que des pilastres de 12 pieds de largeur par le haut, sur 6 pieds d'épaisseur, en donnant à ces murs 2 lignes de talus ou fruit par pied de hauteur, & 4 lignes sur le devant & en retour des pilastres.

## 83.

Pour le soutien & le raccordement des parapets de chaque tête du pont, jusqu'au haut de la partie des murs d'épaulement qui joindront chaque pilastre, il sera fait une trompe sur l'angle en tour creuse décrite avec un rayon de

30 pieds de longueur, ainsi qu'à son profil, contre les têtes du pont & le parement des murs d'épaulement depuis l'origine de cette trompe, en observant de faire régner une assise courante de 18 pouces de hauteur sous la plinthe.

## 84.

Pour faciliter ces constructions, on différera de démonter les échafauds d'entre la dernière pile & la culée, jusqu'à ce que les murs d'épaulement & les pilastres soient élevés à la hauteur du dernier de ces échafauds. On en établira d'autres convenables pour le surplus de leur élévation & des trompes en tour creuse ; les mêmes échafauds serviront aux ragrémens & rejointoiemens.

## 85.

Pour diminuer la trop grande charge qu'auroit la maçonnerie des reins sur la voûte, on fera trois œils de pont de forme elliptique de chaque côté de cette voûte.

## 86.

Le petit axe du plus grand œil sera établi sur la direction d'un angle de 45 degrés de l'arche, & aura 50 pieds de longueur, se terminant par le bout d'en bas à 20 pieds de la douelle du voussoir correspondant de la voûte. Le plus grand axe qui sera perpendiculaire à l'autre, aura 70 pieds de longueur.

## 87.

Le grand axe de chacun des deux petits œils de pont, formera un angle de 30 degrés d'après celui mentionné ci-devant ; & partant des foyers des petits arcs de sa courbure elliptique, il aura 40 pieds de longueur, & son origine

fupérieure fe trouvera à 30 pieds de chacun defdits foyers :
le petit axe aura 2 5 pieds. Le tout deviendra fymétrique pour
chaque côté de la voûte.

### 88.

On donnera 4 pieds de longueur de coupe aux voufſoirs
du grand œil, & 3 feulement à ceux des petits œils. Les
voufſoirs du grand œil failliront de 6 pouces, & ceux des
petits œils de 4 pouces, d'après le nu des têtes du pont,
pour recouvrir la faillie des boſſages des voufſoirs de l'arche.
Le tout fera fait d'après les épures qui en feront tracées en
grand fur les chantiers par l'apareilleur.

### 89.

Pour diminuer encore plus la maçonnerie des reins, on
la terminera derrière les murs des têtes qui auront 4 pieds
d'épaiſſeur en portion d'arc de cercle, avec un rayon de 60
pieds, ayant pour centre l'extrémité inférieure du petit axe,
l'ellipfe de chaque grand œil de pont, allant former tangente
avec la ligne horizontale d'après laquelle feront arrafés les
extrados des têtes ; & le furplus jufqu'à cette ligne horizontale, fera garni avec des recoupes de pierre & du gravier
ou du fable.

### 90.

En pofant les voufſoirs, on aura l'attention d'en placer qui
foient percés cylindriquement, à environ 100 pieds les uns
des autres dans la partie du milieu de l'arche, entre les petits
œils de pont & à 6 pieds des têtes de chaque côté de
l'arche, pour l'écoulement des eaux de pluie qui pénétreront

entre les joints des pavés jusqu'à la chape dont on va parler
à l'article suivant.

## 91.

Cette chape fera faite en ciment ou efpèce de pouzzolane,
fur 6 pouces d'épaiffeur avec du petit caillou ou de la pierre
dure caffée, pofé par couches, chacune de 2 pouces
d'épaiffeur fur toute la longueur & largeur de l'arche, en
comprimant ces couches pour qu'il ne s'y forme point de
gerfure. On établira cette chape fur une maçonnerie de
moelon & mortier de chaux & fable, dont les pentes du
deffus feront dirigées vers les gargouilles.

## 92.

On ne croit pas néceffaire de détailler ici l'affemblage
de deux cintres retrouffés qu'il conviendra d'établir pour la
pofe des vouffoirs de chaque partie fupérieure de la voûte
des œils de pont. On en trouvera des modèles dans l'ou-
vrage mentionné ci-devant.

## 93.

Lorfque l'arche aura ceffé de s'affaiffer, & après que
fes têtes auront été dérafées de niveau, on pofera une
plinthe compofée de deux affifes, chacune de 18 pouces de
hauteur, en faillie d'un pied fur le nu des têtes, & retournées
au-deffus des trompes & des pilaftres, pour tenir lieu d'un
entablement dont les moulures ne feroient point apparentes
fur une auffi grande étendue.

## 94.

Afin de caractérifer le local de l'établiffement de cette
arche entre des rochers, il conviendra de ruftiquer la face de

la plinthe , & auſſi la tête des cinq vouſſoirs du milieu de l'arche , ſur des boſſages de 3 pouces de ſaillie ; & après trois vouſſoirs unis de chaque côté des précédens , les trois ſuivans feront faits avec pareils boſſages ; & ainſi de ſuite alternative- ment, juſqu'au bas de la voûte , en obſervant de retourner ces boſſages ſous la voûte , ſur 3 & 4 pieds de longueur de douelle. Ils feront prolongés en haut de la voûte , juſque ſous la plinthe de couronnement, & ceux des naiſſances ſe termineront contre les murs d'épaulemens.

Ces boſſages exigeront que les couchis ſoient entaillés de 3 pouces au moins pour la place qu'ils occuperont dans le haut, à leur rencontre.

## 95.

Les vouſſoirs des œils de pont feront également ruſtiqués de deux en deux ſeulement, & il en ſera fait de pareils au parement du pourtour des pilaſtres.

## 96.

Sur le cours de la plinthe , on poſera des parapets qui ſe termineront aux pilaſtres ; ils auront 3 pieds & demi en deux ou trois aſſiſes : la dernière formera bahut.

## 97.

Pour terminer cette arche , il ne reſtera plus que des bornes demi-rondes à poſer, à 15 ou 20 pieds de diſtance du devant des parapets ; le pavé à faire formant chauſſée bombée de 18 pieds de largeur dans le milieu , avec revers de 4 pieds 6 pouces juſqu'au ruiſſeau qui doit conduire l'eau dans les gargouilles. Ce ruiſſeau ſera continué juſqu'au-delà des culées , dans la partie du deſſus des œils de pont où il ne ſera pas

poſé

pofé de gargouilles , le tout fur une pente convenable. On fera enfin l'excavation néceffaire dans la roche , ainfi que les remblais & les chemins des abords de l'arche.

# SECTION V.

*Arches de 200 pieds , 300 pieds & 400 pieds d'ouverture.*

## 98.

APRÈS avoir propofé les moyens que nous croyons convenables pour conftruire l'arche de 500 pieds d'ouverture, il refte à parler de ceux qui pourroient être employés à des arches moins grandes.

## 99.

Si, d'après ce qu'on vient d'expliquer, on doit prendre quelque confiance dans la poffibilité d'établir l'arche de 500 pieds d'ouverture, il ne fera pas difficile de concevoir comment on pourra en faire de moins grandes, telles que celles de 400 pieds, 300 pieds & 200 pieds.

## 100.

Il fuffira pour cela de confidérer que les naiffances de l'arche de 400 pieds d'ouverture, partiroient du niveau du deffus du troifième échafaud, & qu'elle auroit 100 pieds de hauteur ou de longueur de flèche.

La feconde de 300 pieds, feroit établie à la hauteur du quatrième échafaud, & auroit 50 pieds de flèche.

Et la troifième de 200 pieds fe trouveroit plus élevée de 30 pieds que cet échafaud ; ce qui réduiroit fa hauteur fous clef à 20 pieds, le tout ou à peu-près. Il conviendroit auffi de leur donner 8 à 10 pieds de hauteur de pied-de-roi.

F

pour diminuer l'apparence de l'angle mixtiligne trop aigu que formeroient les premiers vouſſoirs avec un ſol horizontal qui partiroit de leur naiſſance. Toutes ces arches étant formées des ſegmens ſupérieurs à leurs cordes, on établiroit les cintres, leurs points d'appui & décharges, convenablement à ce qu'elles exigeroient.

### 101.

On obſervera de diminuer la groſſeur de tous les bois, en raiſon de la charge qu'ils auront de moins à porter, & auſſi de ne laiſſer ſubſiſter que les ſeuls petits œils de pont qui ſont les plus proches du ſommet des voûtes. On réduira la longueur de la coupe des vouſſoirs des clefs de l'arche de 400 pieds, à 6 pieds; celle de 300 pieds à 5 pieds, & celle de 200 pieds à 4 pieds; le tout en tâchant d'y employer des pierres plus peſantes & plus dures que celles de la carrière de Saillancourt mentionnées ci-devant. On ſuppoſera auſſi que ces différentes arches ſeront également appuyées contre les rochers, ſur des vallées moins profondes & moins larges que celle de 500 pieds.

### 102.

Il ſera ſouvent poſſible de donner moins d'aplatiſſement à la courbure de ces dernières arches, en faiſant partir leur naiſſance au-deſſous des cordes des ſegmens de la grande arche; & pour lors ces nouvelles courbures en portion d'arc, ſe trouveront décrites avec des rayons moins grands.

### 103.

On croit inutile d'entrer dans un plus grand détail ſur la conſtruction de ces arches de moindre grandeur; mais il ne l'eſt pas de recommander pour tous ces grands travaux,

( 43 )

d'avoir recours à un habile ingénieur, qui connoiffe ces genres de conftruction, & à des ouvriers capables, principalement à un appareilleur, un maître charpentier ou gâcheur, ainfi qu'un pofeur qui foient expérimentés & foigneux pour diriger les autres ouvriers.

## 104.

Après cinquante-fix années d'expérience fur les plus grands travaux hydrauliques, on a lieu d'efpérer avoir indiqué quelques moyens utiles ; cependant on ne croit devoir encore les annoncer qu'à titre de notions qui pourront guider les favans conftructeurs dans la recherche & la perfection de ces moyens, ce que l'on a eu pour objet par le préfent Mémoire ; ou tout au moins qu'ils pourront encourager l'entreprife des arches de 200 pieds & 300 pieds dont on ne connoît pas d'exemple exiftant, ce qui conduira à de plus grandes entreprifes du même genre.

## 105.

On pourroit cependant citer qu'il a exifté dans l'antiquité des monumens très-importans de cette efpèce, favoir ; le pont conftruit à Worhel, fur le Danube en Hongrie, par l'empereur Trajan, d'après les deffins d'Apollodore de Damas, lequel étoit compofé de vingt arches, chacune de 170 pieds d'ouverture en plein cintre, de 80 pieds de largeur d'une tête à l'autre & de 235 pieds de hauteur fous clef à compter du deffus des eaux ordinaires. Mais ce grand monument qui étoit unique, fut détruit peu de temps après fa conftruction, par l'empereur Adrien, pour empêcher le paffage des troupes ennemies. Il n'en refte plus que quelques piles de 60 pieds d'épaiffeur, & des naiffances d'arches.

## 106.

L'arche de 200 pieds d'ouverture en plein cintre, conftruite par l'empereur Juftinien, fur le fleuve Sandaris dans l'Afie mineure, dont l'éloge fait en grec par Porphirogenète, a été traduit en latin par Vulcanius Bonnaventura, quoique moins confidérable pour la batiffe, eft cependant plus intéreffante relativement à l'art que le pont précédent : elle étoit auffi la feule d'une auffi grande ouverture, dont il ait été fait mention.

## 107.

Quoique ces grands ouvrages puiffent contribuer à la perfection de l'art fur la conftruction des ponts, on ne confeille cependant pas de s'en occuper dans la feule intention de chercher à vaincre des difficultés, parce que le mérite effentiel de ces travaux doit confifter dans la folidité, l'économie & l'utilité que l'on peut en retirer.

*Paris, ce 1.<sup>er</sup> décembre 1792, l'an premier de la République Françoife. Signé* PERRONET.

A PARIS,

DE L'IMPRIMERIE NATIONALE EXÉCUTIVE DU LOUVRE.

M. DCC. XCIII.

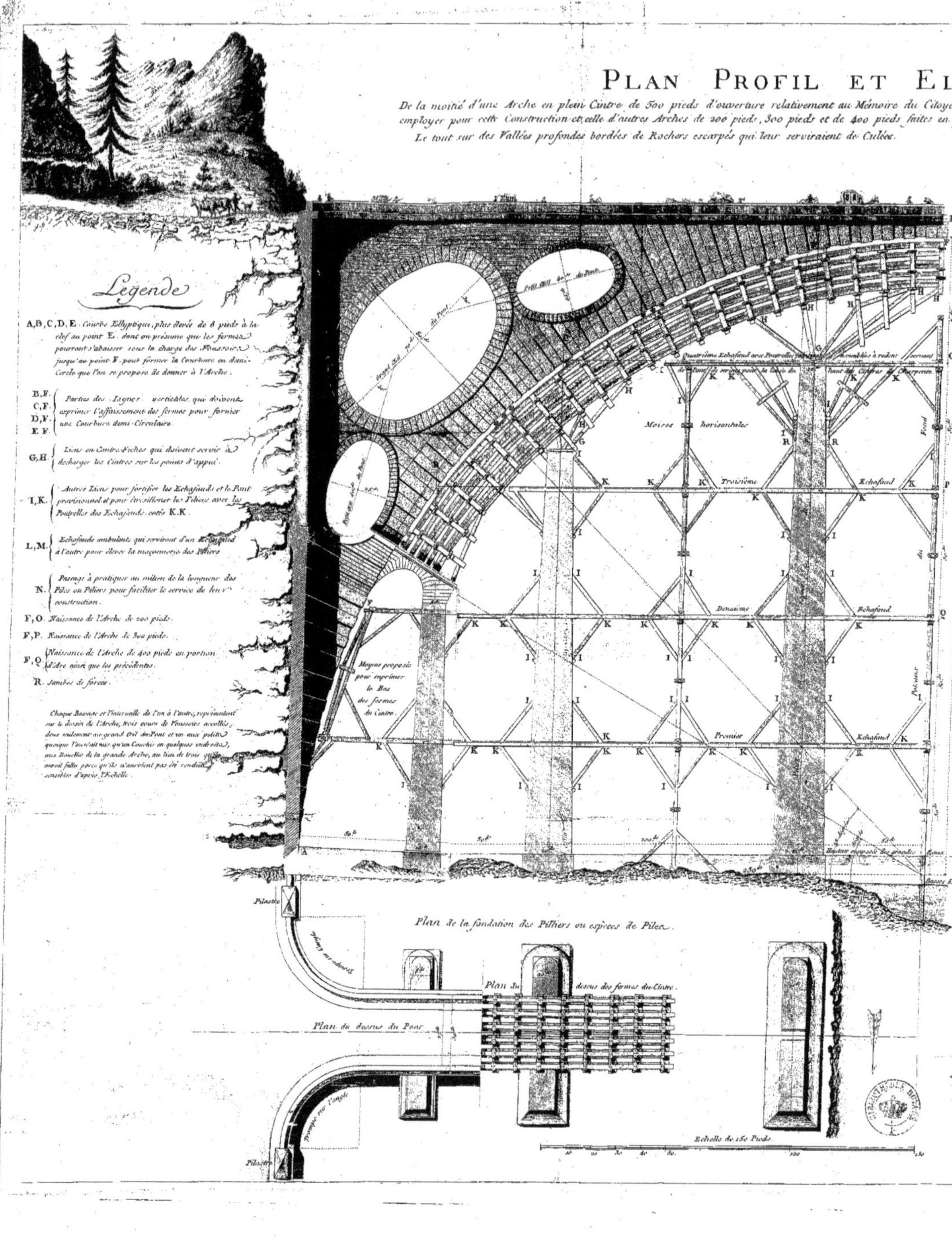


PLAN PROFIL ET EL...
De la moitié d'une Arche en plein Cintre de 500 pieds d'ouverture relativement au Mémoire du Citoyen ...
employer pour cette Construction et celle d'autres Arches de 200 pieds, 300 pieds et de 400 pieds faites en p...
Le tout sur des Vallées profondes bordées de Rochers escarpés qui leur serviraient de Culées.

Légende

A,B,C,D,E. Courbe Ellyptique, plus élevée de 8 pieds à la clef au point E. dont on présume que les fermes pourront s'abaisser sous la charge des Voussoirs jusqu'au point F. pour former la Courbure en demi-Cercle que l'on se propose de donner à l'Arche.

B,F. / C,F. / D,F. / E,F. Parties des Lignes verticales qui doivent exprimer l'affaissement des fermes pour former une Courbure demi-Circulaire.

G,H. Liens en Contre-Fiches qui doivent servir à décharger les Cintres sur les points d'appui.

I,K. Autres Liens pour fortifier les Echafauds et le Pont provisionnel et pour étrésillonner les Piliers avec les Poutrelles des Echafauds cotés K.K.

L,M. Echafauds ambulants qui serviront d'un Echafaud à l'autre pour élever la maçonnerie des Piliers.

N. Passage à pratiquer au milieu de la longueur des Piles ou Piliers pour faciliter le service de leur construction.

F,O. Naissance de l'Arche de 200 pieds.

F,P. Naissance de l'Arche de 300 pieds.

F,Q. Naissance de l'Arche de 400 pieds en portion d'Arc ainsi que les précédentes.

R. Jambes de forces.

Chaque Bossage et l'intervalle de l'un à l'autre, représentent sur le dessin de l'Arche, trois cours de Voussoirs accollés, deux seulement au grand Oeil du Pont et un aux petits quoique l'on n'ait mis qu'un Couchis en quelques endroits, aux Douelles de la grande Arche, au lieu de trois qu'il auroit fallu parce qu'ils n'auroient pas été rendus sensibles d'après l'Echelle.

Quatrième Echafaud avec Poutrelles assemblées à redent servant de Pont qui se servira pour la taille des hauts de Cintres en Charpente.

Moises horisontales
Troisième Echafaud
Deuxième Echafaud
Premier Echafaud
Moyens proposés pour imprimer le Bas des formes du Centre

Plan de la fondation des Piliers ou espèces de Piles.
Plan du dessus des formes du Cintre.
Plan du dessus du Pont.
Pilastre
Echelle de 150 Pieds.

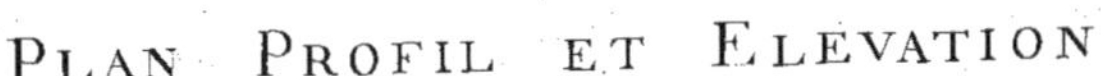

# PLAN PROFIL ET ELEVATION

e en plein Cintre de 500 pieds d'ouverture relativement au Mémoire du Citoyen Perronet sur la recherche des moyens que l'on pourrait
ruction et celle d'autres Arches de 200 pieds, 300 pieds et de 400 pieds faites en portion d'Arc de Cercle.
profondes bordées de Rochers escarpés qui leur serviraient de Culées.

Echelle de 150 Pieds.

du des Pilliers ou espèces de Pilea.

Assemblage à redents de deux des Arbaletriers jointifs du bas des formes
avec les Moises pendantes et de deux Arbaletriers isolés supérieurs.



Echelle de 24 Pieds pour les détails.

www.ingramcontent.com/pod-product-compliance
Ingram Content Group UK Ltd.
Pitfield, Milton Keynes, MK11 3LW, UK
UKHW021137140726
13695UKWH00004B/1891